Henri Delaborde

Le salon
de 1861

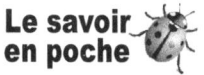

Le savoir
en poche

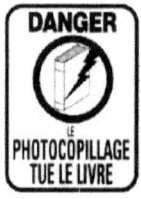
ISBN : 978-1547256556

10 9 8 7 6 5 4 3 2 1

Henri Delaborde

Le salon de 1861

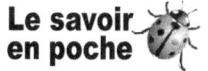

Le savoir
en poche

Table de Matières

Le salon de 1861

Lorsqu'on voit, à chaque exposition nouvelle, le flot des œuvres se-condaires envahir de plus en plus le terrain, et le succès se prendre, faute de mieux, aux paradoxes, aux gentillesses, parfois même aux niaiseries pittoresques, on est tenté de se demander si, tel que nos mœurs l'ont fait, le Salon ne sert pas avant tout à entretenir un ma-lentendu entre les artistes et le public. Sur ce théâtre qu'ont déserté les maîtres, et d'où les disciples d'élite tendent à s'éloigner à leur tour, qui ne sait la place qu'usurpent les vétérans de la médiocrité ou les débu-tants à peine capables de balbutier un rôle, les impuissances vieillies ou les ambitions hâtives ? Ne les voit-on pas occuper presqu'entiè-rement la scène et s'y prélasser en sûreté de conscience, comme s'ils exerçaient une fonction principale ? On ne s'explique ainsi que trop bien ce nombre croissant d'année en année de tableaux de genre et de paysages, cette somme considérable d'habileté dépensée en me-nue monnaie, et cette transformation du Salon, qui devrait être le sanctuaire de l'art contemporain, en un entrepôt où se succèdent périodiquement les produits de l'industrie pittoresque. La foule de son côté s'accommode du spectacle qu'on lui donne, si peu solennel qu'il soit : elle l'accepte comme un fait consacré par l'usage, oubliant d'ailleurs le sens et les caractères primitifs de ce fait traditionnel, ou-bliant même qu'au commencement du siècle où nous sommes, les expositions publiques résumaient encore tous les efforts, toutes les aspirations, toutes les forces vives de notre école, et que, s'il y avait place dès lors pour les succès et les talents secondaires, ceux-ci du moins faisaient cortège au triomphe des grands talents.

Aujourd'hui qui pourrait prétendre que le Salon représente l'art français contemporain dans son expression la plus éloquente, dans sa physionomie complète ? L'adresse de la main, les ruses du mé-tier, l'imitation succincte ou minutieuse des vérités vulgaires, voilà ce qu'expriment la plupart des toiles exposées, voilà ce qui semble définir et proclamer la foi esthétique de notre école. Suit-il de là que notre école n'ait rien de mieux à nous montrer ou à nous dire, que toutes les ressources dont elle dispose se trouvent concentrées ici, et qu'en dehors de ces murs où s'affichent les témoignages de la dexté-rité, rien ne se rencontrerait où l'on pût lire les preuves d'une inspira-tion plus haute et d'un savoir plus sérieux ? Il n'en est pas ainsi, grâce à Dieu. Les descendants de Poussin et de Le Sueur, les artistes qui travaillent au temps de M. Ingres, n'ont pas si bien renié leur origine

Henri Delaborde

ou méconnu les vivants exemples qu'ils se soient tous réfugiés dans le culte des doctrines mesquines, dans la pratique des faciles devoirs ; tous ne croient pas que la peinture n'ait d'autre tâche que d'enjoliver la réalité ou de la transcrire sans commentaires. La recherche du beau et de l'idéal préoccupe encore quelques esprits supérieurs aux tentations mondaines ; d'autres, sans rompre absolument avec les inclinations du siècle, sans s'élever jusqu'aux régions où cessent les bruits de la terre, se tiennent toutefois à une juste distance des faits, et n'en acceptent l'influence qu'avec une docilité mesurée. Dans la sphère tempérée qu'ils habitent, l'art demeure sain encore, sinon parfaitement robuste ; tout est calme, mais non pas inerte, discrètement expressif, mais non équivoque ni rebattu.

Les murailles des églises et des monuments publics fourniraient sur ce point des renseignements que l'on ne saurait demander aux toiles exposées ailleurs. Sans parler d'œuvres d'une importance et d'un mérite exceptionnels, comme les peintures de M. Flandrin dans la nef de Saint-Germain-des-Prés, peintures que nous avons eu déjà l'occasion d'apprécier dans la *Revue*,[1] on pourrait citer, parmi les travaux de décoration monumentale achevés dans le cours des deux dernières années, plusieurs spécimens remarquables de cette aptitude à concilier le respect de la tradition avec une certaine préoccupation du style et du sentiment modernes. Dans l'ordre des sujets religieux, les scènes de la Passion que M. Signol a peintes à Saint-Eustache, et dont une surtout, *Jésus-Christ porté au tombeau*, se recommande par la vraisemblance pathétique en même temps que par les caractères imprévus de l'aspect ; — la *Chapelle de Saint-François de Sales* à Saint-Sulpice, où M. Alexandre Hesse a su très habilement élargir sa manière sans renoncer à ce goût pour la variété des éléments pittoresques, pour les formes épisodiques, qui est dans les habitudes et dans les conditions mêmes de son talent ; — les peintures exécutées dans la cathédrale d'Agen par M. Bézard, esprit loyal, artiste bien informé, auquel il ne manque peut-être qu'une confiance plus ferme et les excitations plus accoutumées du succès ; — d'autres compositions religieuses encore prouvent qu'une très notable partie de notre école, tout en demeurant éloignée du Salon, ne reste pour cela ni étrangère au mouvement actuel de l'art français, ni infidèle aux souvenirs qui l'obligent.

Dans le domaine de la peinture purement décorative, les mêmes faits se produisent, la même harmonie tend à s'établir entre les lois immuables de la tâche et les exigences du goût particulier à notre

1 Livraison du 15 décembre 1859.

temps. Je sais qu'à côté des progrès accomplis en ce sens on pourrait signaler quelques méprises regrettables, que la décoration par exemple du grand salon dans le nouveau ministère d'état accuse, au point de vue de l'invention, du style, de la perspective même, des ressources bien insuffisantes ou de singulières distractions ; mais il ne serait pas difficile de rencontrer ailleurs la grâce d'imagination et la science qui font défaut ici. Sans sortir même du palais du Louvre, il suffirait de jeter les yeux sur le plafond où M. Gendron a groupé quelques figures aériennes et déroulé, avec un fin sentiment de la cadence des lignes et des tons, une de ces guirlandes animées qui participent à la fois de la fantaisie pittoresque et de la symétrie architecturale. Si l'on visite certaines habitations particulières, l'hôtel entre autres où M. Cabanel a personnifié sur les voûtes d'un salon *les Cinq Sens*, on reconnaîtra que les peintres de notre temps savent en pareil cas allier une élégance sans afféterie à une correction sans pédantisme. Des travaux de ce genre toutefois, en raison de leur destination même et de la place fixe qu'ils occupent, sont comme non avenus pour le public, accoutumé de longue main à n'interroger l'art français qu'au Salon. L'habitude est donc invétérée chez nous de réduire l'étude de l'art contemporain à l'examen des expositions périodiques ; malgré les symptômes les moins équivoques de déchéance, ces expositions nous trouvent façonnés à l'usage et confiants dans des privilèges qui n'existent plus.

Après l'abstention des artistes éminents, soit qu'ils refusent systématiquement leur participation, soit que leur temps soit pris par des travaux de peinture monumentale, un fait doit être signalé qui exerce aussi une fâcheuse influence sur l'autorité du Salon. Nous voulons parler de ces expositions particulières qu'il est d'usage de multiplier depuis quelques années. D'abord il s'agissait seulement de remettre en lumière des ouvrages déjà connus, de nous montrer à côté des tableaux de l'ancienne école française quelques-unes des toiles auxquelles les maîtres de l'école contemporaine avaient dû leurs premiers succès, ou bien encore une exposition posthume, consacrée tout entière à l'histoire d'un talent, représentait dans leur ensemble les travaux, les progrès successifs de l'artiste que la mort venait de frapper. Les choses ont changé depuis lors : ce sont des œuvres toutes récentes, des tableaux envoyés directement de l'atelier où ils ont été peints, de la galerie où ils entraient hier, qui viennent maintenant peupler ces succursales du Salon, parfois même les enrichir de telle sorte qu'il y a là non plus un danger de rivalité, mais un désavantage manifeste pour les expositions officielles. Celle qui attire la foule aujourd'hui au palais des Champs-Elysées aura beau étaler ses quatre mille toiles, sujets dessinés ou morceaux de sculpture : le grand événement de l'année 1861 dans le monde des arts n'en restera pas moins l'apparition des dessins et du tableau que M. Ingres a exposés ailleurs. Si, au lieu du demi-jour, le maître avait voulu accepter la pleine lumière et s'emparer des regards de tous, si cette figure exquise, *une Source*, si ces admirables *portraits* dessinés, au lieu de consacrer des murs affermés à une entreprise particulière, avaient récompensé l'hospitalité offerte par l'état, le succès n'aurait pas été mieux mérité sans doute, mais il aurait acquis une signification moins personnelle. Il se serait plus utilement confondu avec le mouvement du goût, avec les progrès mêmes de notre école.

De deux choses l'une en effet : ou les enseignements qui ressortent d'un chef-d'œuvre doivent, soit par l'autorité du contraste, soit par une certaine analogie avec les ouvrages environnants, faire justice des tentatives mauvaises et encourager les efforts sérieux : alors la publicité ne saurait être trop vaste, ni le secours donné de trop près ; ou bien ce chef-d'œuvre empruntera un surcroît d'éloquence au silence de tous et persuadera d'autant plus sûrement le regard qu'il lui parlera seul. Alors pourquoi ne pas l'isoler complètement ? Pourquoi le laisser s'aventurer en compagnie, moins nombreuse il est vrai, mais non pas mieux choisie que celle qui l'avoisinerait au Salon ? Pourquoi, en un mot, cette demi-publicité dont les inconvénients seront tout aussi réels et les bons résultats forcément plus restreints que les inconvénients ou les avantages de la publicité qu'on rencontrerait ailleurs ? Les expositions de tableaux modernes ouvertes en dehors du Salon ont ce double défaut, de donner aux travaux supérieurs une popularité insuffisante et d'exagérer au contraire, par la facilité même du spectacle, l'importance des travaux secondaires. Elles promettent un abri aux artistes médiocres, dont elles stimulent la fécondité, elles nous intéressent surtout aux petits talents et aux petites choses : elles achèvent ainsi de nous désaccoutumer du beau, ou quand, par hasard, une œuvre d'élite vient à résider en pareil lieu, qu'y a-t-il dans ce choix, sinon une opposition implicite aux anciens usages et le dédain pour un autre séjour ?

Le Salon n'est donc plus un champ de lutte privilégié, une arène où ceux qui ont vaincu déjà viennent chercher de nouveaux applaudissements : c'est un gymnase où s'exercent sans grand danger de chute les talents moyens, et trop souvent les talents inexpérimentés ou invalides. Qui sait même ? pour beaucoup d'entre nous, ce n'est peut-être qu'un champ de foire où, le sort aidant, on peut acquérir à bas prix telles denrées pittoresques qu'on revendra plus tard dans de meilleures conditions. On n'ignore pas que, cette année comme il y a deux ans, une loterie a été organisée pour faciliter aux artistes le placement de leurs ouvrages, et qu'une commission a même accepté la tâche de choisir parmi les objets exposés ceux qui mériteront d'être offerts comme lots aux souscripteurs. Il faut honorer en ceci la générosité des intentions et le zèle de ceux qui se sont dévoués à l'entreprise ; mais, en s'efforçant de servir la cause des beaux-arts, ne court-on pas le risque de favoriser aussi les progrès de l'esprit mercantile ? N'est-il pas à craindre que le résultat ne trompe en ce sens la pensée qui a dicté la mesure, et que les artistes eux-mêmes, au lieu de voir dans ce nouveau mode de récompense une exhortation aux efforts difficiles, n'y trouvent surtout une occasion d'écouler des produits appropriés aux goûts, aux exigences peu éclairées de la foule ?

Nous n'avons point à insister ici sur ces réflexions qu'éveille impérieusement le premier aspect du Salon de 1861 : il nous aura suffi de les indiquer. Ce n'est pas à dire assurément qu'il faille supprimer absolument le Salon comme ayant perdu sa raison d'être. À Dieu ne plaise qu'on interprète en ce sens des paroles tendant au contraire à la défense de cette institution nationale et au respect des principes qui peuvent la vivifier de nouveau ! Par quel moyen toutefois ressusciter le passé, contraindre les maîtres à reparaître au Salon, prohiber les expositions rivales ou tout au moins les soumettre à un contrôle qui sauvegarde des intérêts supérieurs et assure une importance exceptionnelle à l'exposition ouverte par l'état ? On peut déjà, sans s'aventurer beaucoup, proposer comme mesures urgentes la suppression absolue de la loterie et l'obligation pour les artistes de n'exposer chacun que deux ou trois morceaux. En outre il ne nous semble pas impossible de séduire et de ramener les talents qui ont déserté le Salon par la certitude d'un voisinage plus digne d'eux, par certaines garanties données à de justes exigences. On a fort souvent reproché au jury d'admission ses rigueurs : on serait mieux autorisé peut-être à accuser son indulgence et à lui demander compte bien moins de quelques exclusions qu'il a pu prononcer dans un moment de distraction où de fatigue que de tant d'ouvrages médiocres trop complaisamment accueillis. Il serait temps qu'une séparation s'établît entre les essais qui sollicitent l'attention et les travaux achevés qui la commandent, entre les apprentis et les maîtres, entre une hospitalité de hasard et celle qui confère déjà en soi un honneur et une récompense. Le Salon, quoi qu'on en puisse dire, n'est pas plus fait pour abriter les produits de toute valeur et de toutes mains que l'Institut n'est fait pour les ébauches littéraires ou scientifiques, le Théâtre-Français pour les vaudevilles ou l'Opéra pour les chansons. Il n'appartient pas à l'administration sans doute de le peupler invariablement de chefs-d'œuvre : elle a le pouvoir toutefois d'en interdire l'accès aux faux talents, d'y réunir, faute de mieux, des œuvres estimables, et, ne fût-ce que par la fixation d'une quotité légale, de réduire au moins de moitié le chiffre des admissions fâcheuses ou inutiles.

Le Salon de cette année, où le nombre des objets exposés équivaut, le croirait-on ? au total des œuvres que comprenaient, au commencement de ce siècle, cinq expositions successives, le Salon de cette année démontre de reste l'opportunité d'une mesure qui, en limitant les droits de chaque artiste, épargnerait au jury une besogne stérile et aux spectateurs la satiété. Parmi les peintres dont les noms sont inscrits au livret, beaucoup ont fourni un contingent qui varie de six à huit tableaux ; plusieurs ont envoyé dix ou douze ouvrages : à quelques-uns même ce chiffre n'a pas suffi. Sans examiner si la fécondité n'est pas le plus souvent ici en raison inverse du mérite, on peut affirmer qu'aucun talent n'a besoin, pour nous initier à ses secrets, de multiplier à ce point les aveux. Il serait donc oiseux de s'arrêter, en examinant le Salon, devant cette multitude de toiles sans signification propre, sans formes d'expression imprévues, œuvres honnêtes, convenables, mais dont on croit se souvenir même en les rencontrant pour la première fois. Ce qu'il importe seulement de rechercher, ce sont les gages ou les promesses d'une habileté sérieuse et personnelle, ce sont aussi les erreurs qui peuvent séduire par leur audace même et susciter pour les esprits un péril là où il n'y a en réalité qu'une aventure pour les yeux et un défi. Telle est la préoccupation qui domine notre examen.

Parmi les tableaux d'histoire qui figurent au Salon, — encore ce mot « peinture d'histoire » a-t-il perdu aujourd'hui la signification qu'on lui attribuait autrefois et n'exprime-t-il le plus souvent que la simple narration d'un fait, — *la Bataille de l'Alma*, par M. Pils, mérite d'être citée comme le meilleur ouvrage et comme un très honorable spécimen du talent de l'artiste. Pendant longtemps M. Pils a hésité entre les souvenirs que lui imposaient ses premières études et certains instincts secrets d'indépendance ; mais depuis quelques années il a trouvé sa voie. Renonçant à l'idéal mythologique aussi bien qu'à la peinture des sujets sacrés, — et son dernier essai en ce genre, la décoration d'une chapelle dans l'église de Sainte-Clotilde, ne laisse pas de justifier une pareille résolution, — il s'est franchement donné pour tâche l'étude et la représentation des choses actuelles. Dans le beau fait d'armes que son pinceau reproduit aujourd'hui, le récit est digne de l'action, l'image très vraisemblable, on le sent, mais, on le sent aussi, tracée d'une main émue. Il y a de l'orgueil national sous ces dehors de stricte exactitude, une saine partialité du cœur dans ces informations de la mémoire, partout enfin quelque chose de plus que l'abnégation d'un annaliste ou l'avare éloquence d'un bulletin. Pourquoi faut-il que ce qui vivifie le tableau de M. Pils fasse défaut à la plupart des scènes du même genre que l'on a rassemblées dans le salon principal de l'exposition ? La vaste toile par exemple où M. Yvon a représenté *la Bataille de Solferino* n'exprime-t-elle pas avec plus de soin que de passion, avec une réserve bien voisine de la froideur, les caractères extérieurs de cette glorieuse affaire et les portraits au repos de ceux qui en ont décidé le succès ? Le pinceau a eu beau couvrir de poussière les uniformes et de sueur les flancs des chevaux, l'animation n'est nulle part. On pourra reconnaître dans les termes de ce fidèle procès-verbal les postes stratégiques assignés à chacun : on n'y devinera que bien incomplètement l'énergie inspirée de la lutte et le moment venu d'une grande victoire.

Au point de vue de l'exécution purement pittoresque, le tableau de M. Pils n'a pas une supériorité moins réelle sur les autres tableaux de bataille qui lui font face ou qui l'avoisinent. Le coloris, pesant ou équivoque ailleurs, est ici net et agile. La touche, rapide sans négligence, accentue le mouvement dans le sens exprès de la forme : mérite peu commun chez les peintres de notre temps, qui tantôt suppriment, sous prétexte de verve, la vraisemblance du dessin, tantôt l'immobilisent ou la surchargent sous prétexte de correction. N'exagérons rien cependant. *La Bataille de l'Alma* est une toile très digne d'éloges, mais dont le succès en d'autres circonstances et en regard d'autres ouvrages perdrait beaucoup de son éclat. Nous avons entendu sacrifier, très injustement à notre avis, la brillante manière de M. Horace Vernet à la manière de M. Pils, la vieille renommée du peintre de toute notre histoire militaire depuis un demi-siècle à la notoriété présente du peintre de l'Alma. La comparaison seule entre ces deux talents serait un acte d'ingratitude ou tin paradoxe. On peut reprocher à M. Vernet, et Dieu sait si l'on s'en fait faute depuis quelques années, son goût pour les intentions et les formes épisodiques, sa confiance trop habituelle dans la dextérité : il n'est permis à personne de faire bon marché de cette facilité singulière, de dédaigner la rare clarté de ce style, et d'oublier, les conditions inférieures du genre étant données, que M. Vernet s'est cent fois comporté en maître là où M. Pils n'a réussi encore qu'à conquérir le premier rang parmi les disciples.

Si, le tableau de M. Pils excepté, la peinture des événements contemporains n'a produit au Salon que des œuvres insuffisantes, y a-t-il dans un ordre de sujets appartenant au passé des témoignages plus sûrs d'inspiration ? Il nous faut à peu près garder le silence sur les scènes empruntées aux livres saints. La peinture religieuse n'est pas, à vrai dire, représentée dans les galeries du palais des Champs-Elysées, bien que les tableaux d'église n'y manquent pas, et qu'à côté d'exemplaires tirés une fois de plus du moule académique, certaines compositions continuent de populariser à propos de l'Évangile les mœurs extérieures et les costumes de l'Orient. À peine rencontrera-t-on çà et là quelque morceau sagement expressif comme la *Mater Dolorosa* de M. de Rudder, ou adroitement peint comme le *Saint Etienne* de M. Quantin ; à peine pourra-t-on surprendre sous l'exiguïté du style une arrière-pensée ingénieuse comme dans les *Captives à Babylone* de M. Landelle, dans le *Jésus chez Simon* de M. Chazal, ou une intention dramatique comme dans les *Saintes Femmes* de M. Chamerlat. Partout ailleurs la médiocrité de l'exécution est d'accord avec la banalité du sentiment, avec cette impuissance à éprouver, à rechercher même une émotion personnelle, dont les peintres de sujets religieux semblent s'accommoder aujourd'hui comme d'une condition de bienséance. Arrive-t-il qu'un effort soit tenté, qu'un acte de volonté propre se produise dans ce champ livré d'ordinaire aux entreprises de l'esprit d'imitation : les innovations résulteront bien plutôt du désir de rajeunir les formes que du besoin de nous ouvrir sur le fond une vue plus large ou plus pénétrante. Elles s'arrêteront à la surface, à certaines particularités de paysage, d'architecture ou d'habillement ; elles auront, elles ont eu déjà ce très grave inconvénient d'enjoliver la majesté de l'Évangile, de substituer en pareille matière l'anecdote à l'histoire, l'ethnographie à l'enseignement moral, et de réduire aux proportions d'une sorte de roman pittoresque la traduction des faits sacrés.

En ce qui concerne l'antiquité païenne, ces tendances anecdotiques sont moins rares et moins déguisées encore. On sait que depuis quelques années une petite école s'est formée qui prétend faire revivre les souvenirs de la Grèce et de Rome, non par l'image restaurée du beau, mais par la représentation minutieuse des singularités de mœurs, non par la noblesse des sujets et des moyens d'expression choisis, mais par des révélations au moins familières sur les coutumes de la vie domestique, sur les secrets de la chambre nuptiale, parfois même des lieux où l'amour se vendait. On sait aussi qu'un autre groupe d'artistes a pris à tâche d'habiller à la mode grecque les idées et les gens de notre temps, ou de mettre en circulation de maigres moralités sous un costume mi-parti antique, mi-parti moderne. Les chefs de ces deux sectes, M. Gérôme et M. Hamon, ont vu cette année le nombre de leurs adhérents grossir, et, comme pour activer encore le progrès, ils ont l'un et l'autre multiplié les exemples. M. Gérôme a envoyé au Salon six tableaux, dont trois au moins traités dans un goût franchement archaïque ; M. Hamon en a envoyé cinq. Ce sont ces œuvres qu'il nous suffira d'interroger parce qu'elles expliquent, en la résumant, une doctrine dont les tableaux de MM. Gustave Boulanger, Brun, Humbert, Froment et plusieurs autres ne sont guère que la paraphrase ou l'exposé un peu incertain.

Il semble qu'en choisissant pour thèmes des sujets bizarres en eux-mêmes, M. Gérôme soit séduit moins encore par l'attrait d'une scène à composer que par le caractère des détails, des curiosités accessoires qu'il aura l'occasion d'introduire dans cette scène et dont il fera souvent un moyen de succès principal. *Le Roi Candaude*, l'*Ave Cœsar* accusaient assez clairement déjà ces préférences archéologiques ; les tableaux que M. Gérôme a exposés cette année prouvent qu'elles sont devenues chez lui une habitude de l'esprit et comme un point de foi esthétique. Quelques-uns même autorisent un reproche plus grave. En prétendant surprendre et intéresser les yeux, ces toiles font appel aussi à des arrière-pensées peu dignes de l'art et du talent de l'artiste. L'*Alcibiade chez Aspasie* par exemple et surtout *Phryné devant le tribunal* renouvellent cette faute contre le goût que M. Gérôme avait commise une première fois lorsqu'il nous ouvrait les portes de certain *intérieur grec* où les mœurs intimes de la débauche étaient prises sur le fait et retracées avec une stricte fidélité, avec bonhomie, pourrait-on dire. Je me trompe : cette sorte de candeur du pinceau en face d'une pareille scène, cette transcription pure et simple de la réalité n'excusent même pas la regrettable composition où M. Gérôme nous montre Phryné entourée de ses juges. Rien d'impartial ici, ni d'expressif à demi. Les choses, minutieusement étudiées, sont commentées avec plus de complaisance encore. La convoitise à ses degrés divers et se traduisant, suivant l'âge et le tempérament de chacun, en sourires hébétés ou égrillards, en caresses du regard ou en violences, voilà le genre d'intérêt que présente la nouvelle œuvre de M. Gérôme, voilà l'enseignement qu'elle nous propose et l'élément comique dont on a prétendu la pourvoir : triste leçon, triste gaieté, qu'on souffrirait à peine dans un croquis impro-

Henri Delaborde

visé en quelques minutes, mais qui choque et devient absolument impardonnable là où l'on sent les calculs de l'esprit et la patience de la main !

Peu de gens, il est vrai, seraient en mesure de dépenser dans les entreprises qui tentent le pinceau de M. Gérôme autant de sagacité, d'adresse et de savoir. Je reconnais que, dans cette *Phryné* même, la figure principale rachète, par la grâce du mouvement et (le dessin des jambes excepté) par la chaste élégance des contours, les intentions toutes contraires qu'expriment les figures groupées autour d'elle ; j'avoue enfin que si le second couplet de cette chanson grivoise sur le triomphe de la beauté, — L'*Alcibiade chez Aspasie*, — continue les allures et le ton pris au début, il y a dans la combinaison des détails, dans l'exécution de certaines parties, une délicatesse remarquable : raison de plus pour relever les erreurs de ce talent plein de ressources, pour lui demander compte des qualités qui lui appartiennent et dont il a fait un mauvais emploi.

Esprit ingénieux, ami de la précision et des vérités caractéristiques, M. Gérôme réussit souvent et quelquefois il excelle à interpréter la nature dans un style élégamment familier. Les *Musiciens russes*, la *Prière chez un chef arnaute*, le *Duel après un bal masqué*, plusieurs autres scènes de ce genre qu'il a peintes dans le cours des dernières années, prouvent de reste sa clairvoyance et son goût en face des modèles que la réalité lui fournit. Cette année encore, une très agréable petite toile, le *Hache-paille égyptien*, atteste l'habileté de l'artiste à détailler la physionomie d'un sujet. Mais convenait-il d'user de cette habileté pour grouper autour de Phryné vingt satyres habillés en juges ou pour développer, à grand renfort de volonté, ce thème malencontreux : *deux augures n'ont jamais pu se regarder sans rire* ? Ceux qui regardent à leur tour ces deux joyeux hommes ne sont guère tentés en tout cas de partager leur hilarité, et lors même, ce qui n'est pas, que la vraisemblance de l'expression justifierait en partie le choix du sujet, il n'y aurait pas moins quelque chose de faux, de mal équilibré, de contradictoire, entre la futilité d'un pareil succès et les longs efforts accomplis pour l'obtenir.

Il est temps que M. Gérôme prenne un parti, qu'il définisse nettement son ambition. Veut-il seulement égayer l'histoire grecque ou romaine de quelques traits de mœurs, de quelques menus propos, appliquer à la peinture des sujets antiques la poétique modeste pratiquée ailleurs par M. Biard, et consacrer à l'inventaire des curiosités ou des ridicules les facultés d'analyse qui recommandaient son talent ? ou bien se résignera-t-il à exploiter ses aptitudes en vue de succès moins populaires peut-être, mais au fond plus sérieux, plus dignes aussi de l'école française et du rang qu'il y tient ? Nous ne demandons à M. Gérôme ni de changer pour cela sa manière, ni de prétendre à une ampleur dans la pensée et dans le style qu'il ne saurait probablement acquérir : nous lui demandons au contraire de se souvenir davantage de son passé, d'attribuer, aux leçons de l'antiquité le sens qu'il y attachait autrefois. Sans sortir même du cercle des sujets archaïques, il nous suffira d'en appeler du peintre mal inspiré de *Phryné* et des *Augures* au peintre du *Combat de coqs* et d'*Anacréon*.

Très inférieur à M. Gérôme par le sentiment pittoresque, par la science et la sûreté de l'exécution, par toutes les qualités qui font le peintre, M. Hamon transporte sur la toile quelque chose des intentions littéraires ou plutôt des rêveries mêmes, des caprices indéfinis de la pensée. Idéales jusqu'à l'effacement de la forme, délicates jusqu'à la subtilité, les images qu'indique son pinceau demeurent pour les yeux comme pour l'esprit à l'état d'apparitions flottantes et, si l'on peut ainsi parler, de vapeurs. Tel est le charme, tel est aussi le défaut radical de ce talent : talent gracieusement débile, auquel l'haleine manque pour aller jusqu'au bout de ses propres inspirations, pour atteindre ce qu'il a entrevu, et qui, en poursuivant la poésie, ne réussit qu'à ramasser en chemin les éléments mignons d'un madrigal ou les termes mystérieux d'une charade.

Le nouveau tableau de M. Hamon, *l'Escamoteur*, est, comme *la Comédie humaine*, comme d'autres toiles exposées précédemment par l'artiste, une de ces formules à double sens, un de ces petits poèmes ébauchés pour lesquels la peinture n'a pas de nom précis, où elle n'intervient même qu'à un titre vague et conventionnel. Le moyen d'apprécier le dessin, le coloris, là où l'on semble avoir pris à tâche d'anéantir à peu près le dessin et le modelé, de colorier le moins possible, et de réduire l'imitation de la nature à quelques apparences insaisissables ? Comment d'autre part mesurer la portée morale d'une scène où se heurtent les intentions contraires, où les personnages représentés n'appartiennent ni à la même époque ni à la même civilisation ? Qui sait ? peut-être M. Hamon lui-même éprouverait-il quelque embarras à résumer en termes clairs ce qu'il a entendu exprimer ; peut-être, en essayant de rapprocher ainsi le passé et le présent, en voilant sous ces formes équivoques une moralité déjà indécise, n'a-t-il voulu que caresser les surfaces de notre intelligence.

Henri Delaborde

L'Escamoteur, la Volière, et les autres toiles que M. Hamon a exposées, n'accusent pas un progrès, une modification même, dans les habitudes de son talent. Le tout ne fait que continuer, sauf à les amoindrir quelquefois, les intentions, les gentillesses de style, dont le joli tableau *Ma Sœur n'y est pas* reste jusqu'à présent, dans l'œuvre du peintre, le spécimen le plus significatif. Le tout au moins a, ce mérite d'être conçu en haine des plates réalités, des effigies vulgaires. C'est ce qu'on peut dire aussi du tableau que M. Schutzenberger a intitulé *Terpsychore*, et de quelques ouvrages inspirés d'assez près par les exemples de M. Hamon. La *Confidence* entre autres et une *Tête de jeune fille* par M. Aubert sont d'agréables morceaux, où l'on retrouve, avec des procédés d'exécution un peu chétifs, une imagination élégante et ce fin sentiment de la ligne qui avait valu, il y a deux ans, à la *Rêverie* du même peintre un très honorable succès.

L'école néo-grecque, pour nous servir d'un mot à peu près consacré, peut-elle réclamer comme un des siens M. Cabanel, ou plutôt les titres que s'est acquis depuis quelques années cet artiste distingué lui assurent-ils la place et le rôle d'un des chefs du mouvement ? Si l'on considère la variété des entreprises abordées par M. Cabanel, la diversité des sujets et des styles qui l'ont tenté successivement, il est difficile de rattacher à un groupe et à une tradition déterminés un peintre qui, après s'être souvenu des maîtres italiens dans sa *Mort de Moïse*, de M. Ingres dans sa *Glorification de saint Louis*, de Paul Delaroche dans sa *Veuve du Maître de chapelle*, a su ailleurs faire acte d'indépendance et n'exploiter que ses propres ressources. Le *Martyr chrétien*, que l'on a vu au Salon de 1855, ce plafond des *Cinq Sens*, dont nous parlions plus haut, et plusieurs beaux *portraits* prouvent que M. Cabanel est en mesure de vivre sans s'aider d'emprunts. À notre avis même, de tous les peintres d'histoire dont les débuts ne remontent pas au-delà d'une quinzaine d'années, aucun n'est aussi bien pourvu que lui, aucun ne possède au même degré les moyens de bien faire et le droit de parler net. D'où vient donc qu'il use si souvent de circonlocutions, qu'il s'abandonne et se rétracte, qu'il donne ici un gage de sa volonté, là un témoignage de son attention à écouter ses voisins et à consulter les signes du temps ? Sans les préoccupations que lui causent les idées actuelles de coquetterie pittoresque, sans les succès de M. Gérôme et des siens, compliqués de certaines traditions du XVIIIe siècle remises en honneur par d'autres artistes, M. Cabanel par exemple aurait-il été si ménager de sa verve, de l'énergie de l'expression, dans sa *Nymphe enlevée par un Faune* ? C'est là certes l'œuvre d'un talent décidé à plaire et n'omettant rien pour y réussir : est-ce l'œuvre d'un talent fortement ému et bien résolu à tout nous dire de ce qu'il a personnellement senti ? La correction élégante, mais un peu ténue du dessin, les combinaisons seulement ingénieuses du coloris, la marque en toutes choses de la recherche et du calcul, refroidissent ici ce que la passion devait expressément vivifier, et laissent presque sans accent une scène dont l'esprit était tout entier dans la puissance et dans la fermeté du faire. Hâtons-nous d'ajouter que dans une scène fort différente, où l'énergie eût été aussi inopportune qu'elle nous semblait nécessaire ici, M. Cabanel s'est acquitté de sa tâche avec un plein succès. *Le Poète florentin* est un charmant tableau, d'une ordonnance très neuve, d'une exécution parfaitement conforme à la délicatesse de l'invention. Parmi les œuvres de même sorte qui figurent au Salon, on ne saurait en citer une où se trouvent aussi bien résumées les conditions de ce genre qui en peinture participe à la fois de l'histoire et de l'anecdote, et qu'on pourrait, en empruntant un mot à la langue musicale, appeler de *mezzo-carattere*. Sans avoir cette valeur exceptionnelle, les portraits qu'a exposés M. Cabanel méritent au moins d'être comptés parmi les meilleurs. Ils attestent des qualités que l'artiste laisse seulement entrevoir ailleurs, et, contrairement à *la Nymphe*, où les périphrases ne laissent pas d'embarrasser le style, ils se recommandent par la simplicité de la manière, par la franchise de l'expression.

En regard de l'école à laquelle se rattachent plus ou moins directement les peintres que nous venons de nommer, une autre phalange d'artistes, aussi nombreuse peut-être, représente au Salon des doctrines et un genre d'archaïsme auxquels les souvenirs de l'antiquité et même les exemples étrangers n'ont aucune part. Nous voulons parler de ces disciples de la tradition française au dernier siècle, de ces réformateurs mal avisés qui, en s'efforçant de la restaurer, n'arriveront dans un temps donné qu'à susciter, sinon les sages colères d'un autre David, au moins les vertus hypocrites et les froides violences de l'esprit ultra-classique. La mode s'est faite complice de ce faux progrès, bien qu'elle l'encourage plus encore par une admiration exagérée pour les modèles que par une sympathie avouée pour les imitateurs. On sait quelle faveur systématique rencontrent aujourd'hui les monuments, quels qu'ils soient, de l'art appartenant aux règnes de Louis XV et de Louis XVI. À ne parler que de la peinture, le nombre est grand parmi nous des hommes à la dévotion facile qui s'arrêtent pieusement devant Pater ou Fragonard, qui s'inclinent devant Natoire et s'agenouillent devant Boucher. Pourquoi les artistes de notre temps se mettraient-ils sur ce point en guerre ouverte avec nos goûts ? Puisque nous prenons au sérieux tout ce qui vient d'une époque où l'on trouvait piquant de représenter les princesses d'Orléans en *pèlerines* et Mlle de Charolais en *frère quêteur*, pourquoi M. Baudry se serait-il refusé la fantaisie de déguiser en *petit saint Jean-Baptiste* un enfant dont il avait à peindre le portrait ? Travestissement peu compliqué d'ailleurs, dont une peau de chèvre fera les frais, et qu'une croix aux mains de l'enfant achèvera de caractériser. Nous l'avouerons pourtant, cette austère livrée du précurseur transformée en ajustement mignard, cette croix jetée comme un jouet dans les plis d'un sayon qu'encombrent des cerises, ce fond de taillis remplaçant le désert, tout nous semble, au point de vue de l'intention morale et du goût, plus malséant encore que tel tableau du XVIIIe siècle, ou du moins on n'a pas affaire aux souvenirs formels et aux personnages de l'Évangile. Objectera-t-on que les maîtres italiens eux-mêmes ont eu parfois de ces caprices-, que fra Carnevale entre autres imagina un jour de tenter, à propos du portrait d'un fils du duc d'Urbin, l'entreprise que M. Baudry a renouvelée aujourd'hui ? Malgré l'analogie des données, la différence est grande entre les intentions d'où procèdent les œuvres anciennes et celles que traduit l'œuvre moderne. Par les caractères de l'expression, par la gravité de la physionomie et du geste, les maîtres italiens attribuaient à ces images profanes une signification pieuse, une sorte de majesté naïve. Ce n'est pas l'un d'eux sans doute qui se serait avisé, pour personnifier saint Jean, de nous montrer un enfant se grattant la tête, comme un écolier pris en faute ; mais passons condamnation là-dessus. Y a-t-il dans l'exécution de cette figure une excuse aux erreurs qui l'ont inspirée ? Révèle-t-elle la main d'un dessinateur ? Les contours des bras, du torse, des jambes, le modelé faible ou effacé du tout, ne permettent pas de répondre affirmativement. Le coloris a-t-il ce qui manque au dessin en vérité ou en force ? Il n'est harmonieux qu'à la condition de dépouiller chaque ton de la valeur qui lui est propre et de délayer l'apparence des chairs, de l'ajustement, du paysage, dans une sorte de lavis dont l'uniformité n'est rompue que par l'épaisseur inégale des couches, par les égratignures de la brosse, par les petits artifices de la pratique et de l'outil. Ce mode de peinture éraillée, ces compromis entre les hasards de la touche et l'expression précise de la forme et de la couleur, sont au surplus ce qui caractérise la manière même de M. Baudry. C'est là ce qu'on retrouve dans deux sujets mythologiques, *Cybèle* et *Amphitrite*, dans le portrait de *M. le baron Charles Dupin*, le meilleur néanmoins des quatre ouvrages en ce genre exposés par l'artiste, et surtout dans un portrait de *M.*

Guizot, où l'adresse avec laquelle les mains sont traitées ne saurait racheter les négligences ou les incorrections du reste, l'inertie des traits du visage, et ce coloris blafard qui, à force de prétendre à l'unité, n'arrive qu'à immobiliser la vie.

Si le *Saint Jean-Baptiste* et le portrait de *M. Guizot* n'autorisent guère que le reproche, une autre toile de M. Baudry, *Charlotte Corday* au moment où elle vient d'assassiner Marat, permet de mêler des éloges aux critiques que légitimeraient d'ailleurs dans la représentation d'un pareil drame certains raffinements pittoresques, certaines coquetteries de l'effet. La *Charlotte Corday* est un des tableaux les plus remarqués au Salon. Sans compter l'intérêt inhérent au sujet lui-même, ce succès s'explique et se justifie par l'aspect imprévu de la scène, par l'effroi finement rendu de l'héroïne en face du meurtre accompli, par l'expression en toutes choses d'une pensée délicate et d'un goût ingénieux. La délicatesse, le goût, voilà des qualités pour le moins inattendues dans une scène de cet ordre, d'étranges mots à accoler à ces souvenirs terribles et au nom de Marat. Nous ne saurions toutefois en employer d'autres pour louer le travail de M. Baudry et pour en indiquer les mérites. Tout dépend d'ailleurs du point de vue auquel l'artiste s'est placé et de la façon dont il a envisagé son sujet. Il n'a prétendu ni engager la lutte avec le chef-d'œuvre où David a représenté l'impure victime ennoblie par la majesté de la mort, ni peindre une Judith aux membres et à la foi robustes sous le costume d'une jeune fille du dernier siècle. Il a voulu nous faire pressentir plutôt que nous montrer le cadavre, et mettre en pleine lumière, non pas un acte d'héroïsme biblique, mais l'expression d'une émotion humaine, non pas la vengeance satisfaite d'elle-même et se contemplant dans son œuvre, mais une femme chancelant au spectacle de son propre courage et de ce sang qu'avait voulu sa main. La *Charlotte Corday* est donc jusqu'à présent une exception et, nous nous empressons de le reconnaître, une exception heureuse dans la manière de M. Baudry. Bien qu'ici encore on remarque quelque abus du moyen, bien que certains détails d'exécution trop recherchés amaigrissent le style ou l'enjolivent assez mal à propos, les intentions ont au fond plus de justesse et en tout cas plus de nouveauté que dans les tableaux où l'artiste prétend nous séduire à la façon des peintres du XVIIIe siècle et prouver seulement sa dextérité.

L'ambition de M. Chaplin et sa foi dans les exemples que nous a légués l'art français au temps de Louis XV ne paraissent pas avoir varié, même légèrement, comme les doctrines de M. Baudry. Pour lui, les secrets de la grâce, du goût, de l'imagination dans le dessin et

Henri Delaborde

dans le coloris, demeurent tout entiers aux mains des maîtres qu'il avait consultés d'abord. Aujourd'hui comme à l'époque où il peignait ces *Premières roses* et ces *Roses d'automne* que la lithographie n'a que trop popularisées, M. Chaplin se montre le disciple convaincu d'une tradition au moins futile, et, sans parler de plusieurs peintures allégoriques récemment exposées ailleurs, les toiles qu'il a envoyées au Salon, — un *Groupe de trois enfants* surtout, — attestent sur ce point la fixité de ses croyances. Avouons toutefois qu'il ne lui était pas arrivé encore de les formuler aussi adroitement. Si chiffonnés qu'en soient les formes et le style, le portrait d'une jeune femme debout, enveloppée d'une mante noire, a dans la physionomie, dans le ton, de l'agrément et de la finesse. Ce n'est pas là, tant s'en faut, l'œuvre d'un talent informé du beau, ni même curieux d'en étudier les conditions ; c'est au moins la preuve d'une aptitude particulière à s'assimiler le joli.

Le *Réveil du Printemps* par M. Faustin Besson, la *Nymphe du Printemps* par M. Voillemot, bien d'autres *Printemps* et d'autres *Nymphes* achèvent de représenter au Salon ces fantaisies calculées, ces contrefaçons d'une ancienne manière très conventionnelle en elle-même, mais à laquelle on pourrait trouver une excuse dans les goûts généraux du XVIIIe siècle, dans la parfaite bonne foi des premiers coupables. Il est difficile d'avoir la même indulgence pour l'école qui prétend ressusciter ce passé. Ceux qui se sont voués à une pareille tâche pèchent sciemment. Ils ne subissent pas en dépit d'eux-mêmes l'influence de l'atmosphère où ils vivent, ils s'isolent volontairement de tout progrès, ferment les yeux aux bons exemples qu'on leur donne, et se confinent dans un milieu où ils travailleront de parti-pris à s'approprier des erreurs. De là cette facilité factice, cette forfanterie préméditée que respirent la plupart des œuvres conçues et exécutées aujourd'hui en vertu de ce système. On dirait volontiers que les négligences y sont pénibles et que l'extravagance du style y est un effort de la volonté. Tout se passait d'une autre façon au dernier siècle. Nous ne parlons même pas d'un franc inventeur comme Watteau, ni d'un vrai maître comme Chardin, ni de tant de *portraitistes* habiles qui se sont succédé en France depuis la mort de Rigaud jusqu'à celle de Duplessis : nous n'opposons aux imitateurs que les modèles qu'ils ont choisis eux-mêmes, Boucher, Natoire et leurs pareils. Chez ceux-ci du moins, l'habitude du mensonge, si impudente ou si invétérée qu'elle soit, n'exclut pas une sorte de bonne grâce naturelle, d'innocence pour ainsi dire. À les voir si lestes dans leurs allures, si confiants en apparence et si souriants, on sent qu'ils ont, malgré tout, la conscience en repos, et qu'en agissant comme ils agissent, ils croient presque faire acte de vertu. Chez les Boucher de notre temps au contraire, le sourire est bien près de n'être qu'une grimace, l'extérieur de la confiance qu'une affectation ou une hypocrisie. Qu'ils fassent mine d'oublier ce que leur ont appris les révolutions survenues dans l'art français depuis cent ans, qu'ils profitent d'un caprice de la mode pour nier les progrès accomplis de nos jours par de bien autres maîtres que ces jongleurs pittoresques qu'ils prétendent réhabiliter, — libre à eux, pourvu toutefois que l'expérience nous vienne vite, et qu'au lieu de voir dans ce retour vers le passé un mouvement juste et utile, nous sachions y reconnaître ce qu'il exprime en réalité, une stérile agitation de l'esprit et un accident.

Où donc trouver, à défaut de témoignages manifestés, des symptômes d'originalité ? Faut-il les chercher dans le *Dante* de M. Doré, dans le tableau vigoureusement peint, trop vigoureusement même, où M. Cermak nous montre une *Femme de l'Herzégovine* se débattant entre les bras de deux *bachi-bouzouks*, — dans cette suite de compositions sur les amours de *Faust* et de *Marguerite*, que M. Tissot a traitées, non sans talent assurément, mais avec une préoccupation excessive de la couleur et du style légendaires, — ou jusque dans l'étrange scène que M. Lambron a représentée sous ce titre : *Une Réunion d'amis*, et qui nous montre des cochers de corbillard dans le jardin d'un cabaret ? Cette originalité que quelques-uns voudraient attribuer aux violentes idylles où le pinceau de M. Millet célèbre la réalité contemporaine sans réticences d'aucune sorte, où une *Tondeuse de Moutons*, une *Femme faisant manger son enfant* affectent des brutalités de style auprès desquelles la manière d'un Valentin paraîtrait presque apprêtée et précieuse, — cette originalité que nous ne rencontrons nulle part à l'état de qualité formelle et de fait, en trouvera-t-on le pressentiment ou la promesse dans les deux grandes toiles que M. Puvis de Chavannes a intitulées *Concordia* et *Bellum* ? L'importance et l'apparence exceptionnelle de ces œuvres, le bon vouloir au moins qu'elles accusent, tout nous ordonne d'examiner attentivement la question.

Si M. de Chavannes est encore un nouveau-venu sur la scène, il n'est pas tout à fait un débutant, comme l'ont cru quelques personnes prises un peu à l'improviste par le bruit de son succès. Au dernier Salon, il avait exposé un tableau assez peu remarqué, il est vrai, assez incorrect dans les formes, mais où l'on pouvait discerner sous l'insuffisance de la pratique des instincts élevés et le goût, fort rare aujourd'hui, de la grandeur. À ce titre, nous avions cru devoir mentionner ce tableau ici même, et, tout en espérant mieux de l'artiste, prendre acte de ses premiers efforts. Les progrès accomplis par M. de Chavannes confirment aujourd'hui ce qu'avait révélé déjà l'essai dont nous parlons. Et cependant ces deux vastes compositions sur la paix et sur la guerre ne sont que des essais encore : essais brillants, ambitieux sans jactance, mais non sans d'étranges défaillances de pinceau, œuvres à la fois hardies et timides, où les intentions ont une ampleur presque magistrale et les moyens d'expression une irrésolution voisine souvent de la faiblesse. Il semble que, de peur de mal dire, M. de Chavannes se décide à passer à peu près sous silence les vérités qu'il avait tenté d'abord de formuler, ou qu'impuissant à subordonner la nature aux exigences de son sentiment personnel, il entre en accommodement avec sa propre défaite et se rattrape sur des efforts d'adresse pour faire bonne contenance. C'est là le vrai défaut de cette manière, équivoque au fond, malgré les dehors systématiques qu'elle affecte ; c'est là ce qui explique peut-être, aussi bien que les pâleurs du coloris, les négligences ou la mollesse du dessin, et en général ces subterfuges de l'exécution en regard d'inspirations vraiment heureuses, d'un goût élevé dans l'ordonnance et d'une noblesse naturelle dans la pensée.

Des deux tableaux que M. de Chavannes a exposés, celui qui exprime le mieux ces ressources de l'imagination est aussi celui qui met le plus clairement en lumière ces tendances à ruser avec la pratique. *La Guerre* a ce grand mérite, d'offrir une composition très neuve sur un sujet cent fois traité et de concilier le désordre avec la majesté des lignes, l'unité de l'aspect avec la variété des intentions partielles. Il y a quelque chose d'imprévu et de réglé en même temps dans la silhouette générale des groupes, quelque chose d'épique dans l'audacieuse simplicité avec laquelle l'artiste a découpé sur les tons clairs du fleuve qui sert de fond ces trois figures d'hommes à cheval ébranlant l'air de leurs fanfares, tandis qu'à leurs pieds s'étend la moisson de la mort, que les captives pleurent, qu'un laboureur renversé auprès de ses bœufs lance l'imprécation aux vainqueurs et se tord enchaîné sur ce sol que ses sueurs avaient fécondé. Au second plan, l'incendie parcourt la campagne, et les noirs tourbillons de fumée qui proclament la dévastation achèvent, au point de vue pittoresque, d'affermir l'ordonnance des lignes et d'en faire ressortir l'autorité. Si le crayon résumait en quelques traits cette belle composition, la grandeur de la donnée et l'harmonie des formes générales permettraient de croire au premier aspect qu'elle émane de la main d'un maître. À la voir telle que M. de Chavannes l'a peinte, on sent

24

qu'elle est l'œuvre d'un talent bien intentionné, mais mal approvisionné encore, que l'artifice y supplée souvent à la science, la vérité de surface à l'intime expression du vrai, et que le goût d'exécution succincte dans lequel chaque morceau est traité tient moins à la sobriété du style qu'à l'insuffisance du pinceau. En encadrant dans des ornements symboliques son sujet et la scène qu'il lui a donnée pour pendant, M. de Chavannes, je le sais, a voulu prévenir le reproche et justifier l'invraisemblance matérielle des détails par l'aspect ouvertement décoratif de l'ensemble. Que cette représentation de la guerre soit, non pas un tableau à proprement parler, mais l'équivalent d'un carton pour une tapisserie ou d'un fragment de peinture murale, — rien de mieux. Cela peut expliquer le peu de saillie des objets et le caractère abstrait du coloris, délicat d'ailleurs dans sa faiblesse : cela ne suffit pas pour excuser certaines impossibilités de construction anatomique dans le groupe des captives, dans celui des cavaliers et ailleurs, certaines indécisions dans la valeur relative des chairs et des draperies, des corps privés de lumière et des corps dont le jour éclaire les tons vigoureux. Le système de peinture purement décorative une fois admis, on aurait mauvaise grâce sans doute à rechercher ici l'imitation exacte, la définition complète de chaque chose. Tout, dans le modelé comme dans la couleur des figures et des accessoires, ne doit être exprimé qu'à moitié, ne donner qu'un aperçu du vrai, sous peine de matérialiser le caractère idéal de l'œuvre et d'en fausser le sens. Encore faut-il que cette vérité détournée ne dégénère pas en négation ; encore faut-il que ces partis-pris de tempérance dans le faire n'aboutissent pas à un régime d'abstinence formelle.

Les reproches et les éloges que nous semble mériter *la Guerre* de M. de Chavannes, on peut les adresser aussi à son tableau de *la Paix* ou de *la Concorde*, bien qu'ici les imperfections de la manière soient moins sensibles et les principes de la composition moins imprévus. Je m'explique : il y a beaucoup de nouveauté encore dans l'agencement de cette scène, beaucoup d'invention et une certaine sérénité grandiose dans la tournure, dans le geste des personnages qui participent à ce repas champêtre ou, plus loin, à des jeux renouvelés de l'âge d'or ; mais l'ensemble des lignes manque un peu de plénitude. Quelque chose d'interrompu et de morcelé agite l'aspect de cette idylle héroïque, tandis que dans *la Guerre* la silhouette générale s'affirme et se continue sans dommage pour l'expression du sujet. En revanche, chaque partie du tableau, chaque figure est étudiée de plus près et plus précisément indiquée que ne l'est sur l'autre toile telle partie, même principale. On pourrait relever ici bien des incor-

Henri Delaborde

rections encore, bien des témoignages de cette hardiesse cauteleuse dont nous parlions tout à l'heure, et qu'on aurait le droit d'accuser d'autant plus qu'en prétendant donner le change sur des défauts, elle court le risque de déguiser aussi de très belles et de très sérieuses qualités. À quoi bon insister toutefois ? Qu'il nous suffise de recommander M. de Chavannes à ses propres sévérités, de l'exhorter à la défiance par sympathie pour ses qualités mêmes, pour ses nobles aspirations, pour ses récents progrès. Il y a en lui l'étoffe d'un peintre d'histoire : qu'il laisse à d'autres les petites ambitions. En s'opiniâtrant davantage dans la lutte avec le beau, qu'il achève de donner la mesure de ses forces, de marquer sa place dans l'école contemporaine, et de résister aussi bien à ses tentations personnelles qu'aux dangereux exemples qui l'entourent.

Quitter les tableaux de M. de Chavannes pour les *portraits* de M. Hippolyte Flandrin, c'est passer d'un talent qui se cherche encore au talent en pleine possession de lui-même, c'est opposer les gages certains aux promesses, la science consommée dans le style aux inquiétudes et aux tâtonnements du pinceau. Les *portraits* de M. Flandrin sont le chef-d'œuvre de l'esprit de discipline et de méthode. Il est impossible d'étudier plus attentivement et de rendre avec plus de précision les caractères particuliers, la physionomie de chaque type ; il est impossible d'apporter en face des variétés infinies de la nature une probité plus sûre, une volonté plus sincère de ne rien sacrifier au hasard et de poursuivre le vrai dans ses manifestations multiples sans arrière-pensée vaniteuse, sans désir secret d'afficher l'habileté. Autant que personne, nous rendons hommage à l'admirable bonne foi de l'artiste, à sa science si parfaitement exempte de pédantisme. Qu'il nous soit permis néanmoins de constater quelque excès d'abnégation parfois dans cette sobre manière, et d'y regretter, non pas l'expression de la vie morale ou physique des modèles, — car ceux-ci pensent et respirent sous le pinceau de M. Flandrin, — mais la vie plus apparente de l'art personnel, du sentiment qui a guidé la main. Les *portraits* de M. Flandrin sont des œuvres trop belles à tous égards, ils attestent une habileté trop haute pour qu'il vienne à l'esprit de qui que ce soit d'en discuter la valeur. On peut seulement se demander si, tout en défiant la critique, ces irréprochables ouvrages ont une excellence absolue, une autorité tout à fait magistrale. Il n'est que juste de les classer immédiatement après les portraits peints par M. Ingres : pour mériter d'être mis au même rang, il faudrait qu'ils portassent plus ouvertement l'empreinte de la hardiesse, cet accent de fierté qui donne aux intentions une signification définitive, aux

26

formes du style l'animation suprême et le relief.

Cette placidité dans la manière, cette aptitude à comprendre et à traduire la nature dans un sens plutôt exquis que puissant, se révèlent surtout, et avec le plus d'à-propos, là où le calme et la jeunesse de la forme constituaient les éléments mêmes du travail. Aussi les portraits de femmes peints par M. Flandrin sont en général préférables à ses portraits d'hommes, et, parmi ceux-ci, les meilleurs reproduisent des modèles que leur âge ou les caractères de leur physionomie rapprochaient plus ou moins de la grâce propre à l'autre sexe. Il nous suffira de citer comme exemple une toile représentant le peintre lui-même à l'époque de ses débuts, et une autre toile, — deux jeunes frères appuyés l'un sur l'autre, — exposée dix années plus tard. Quant aux portraits de femmes dus à ce doux et fin talent, depuis celui de *Madame Oudiné*, peint en 1840, jusqu'à cette *Jeune fille à l'œillet rouge*, objet au Salon dernier d'une admiration unanime, il n'en est guère qui ne nous semblent confirmer l'opinion que nous exprimions tout à l'heure. Cette année encore, si beaux que soient les quatre portraits d'hommes exposés par M. Flandrin, aucun, à notre avis, ne résume aussi bien les qualités de sa manière qu'un portrait de femme où l'harmonie est complète entre la vraisemblance et la délicatesse du style, entre la précision du dessin et la souplesse du coloris : œuvre profondément savante sous les dehors de la simplicité, familière dans l'attitude, dans l'ajustement, dans les détails de la physionomie, mais ennoblie partout par l'expression d'une vérité d'élite et par ce goût pittoresque qui ne s'annihile pas plus devant le fait qu'il n'en récuse imprudemment l'autorité.

Le portrait du *prince Napoléon* est un témoignage de plus de cette rare habileté à concilier avec les exigences de l'art les conditions du vrai et à formuler fidèlement la ressemblance sans se complaire dans l'imitation mesquine. Rien de moins emphatique, mais aussi rien de moins aride que l'apparence de cette toile, rien qui compromette la gravité nécessaire de l'aspect ou qui transforme une représentation de la réalité contemporaine en une image de convention. Le portrait du *prince Napoléon*, malgré la simplicité du costume, laisse deviner le haut rang du modèle, comme l'attitude choisie et le modelé des formes que recouvrent les vêtements révèlent les habitudes du corps et les caractères du tempérament. Peut-être même le mérite principal de l'œuvre consiste-t-il dans cette justesse du mouvement, dans ce dessin général qui convainc tout d'abord le regard ; peut-être, en comparaison des autres ouvrages de M. Flandrin, l'exécution partielle n'a-t-elle ici qu'une finesse un peu inachevée, une précision

Henri Delaborde

un peu incomplète. Vu à une certaine distance, le tableau est d'une vérité saisissante : examinés de près, les traits du visage semblent attendre encore quelques travaux qui achèveraient non d'en installer les contours, mais d'en développer ou d'en assouplir l'expression. — Dans le portrait d'un jeune homme vu de face, dans celui de M. *Gatteaux*, et surtout dans le portrait de M. *le comte Duchâtel*, — morceau supérieurement dessiné, auquel on pourrait reprocher seulement un certain défaut d'harmonie entre le ton de quelques accessoires et ce ton vert du fond que M. Flandrin étend trop invariablement derrière ses modèles, — rien ne se retrouve de cette imitation sommaire, de ces procédés d'exécution un peu hâtifs. Tous les détails de la physionomie y sont rendus sans minutie, mais avec une netteté parfaite ; tout y annonce la clairvoyance, l'étude consciencieuse, et cette imperturbable loyauté qui est la qualité distinctive et la marque du talent de M. Flandrin : qualité de famille d'ailleurs plutôt que privilège, et qu'à l'exemple de son aîné M. Paul Flandrin apporte dans l'accomplissement de toutes ses tâches, soit qu'il combine les lignes d'un paysage, soit, comme il l'a fait cette année avec plus de succès qu'à aucune autre époque, qu'il interprète la nature en face d'un modèle animé.

Un portrait de *Mademoiselle Emma Fleury*, par M. Amaury-Duval ; — un profil de jeune fille, par M. Timbal, l'*Étude*, où l'on retrouve, sous une forme à la fois plus aisée et plus pure, les intentions qui recommandent la *Sainte Rose de Viterbe* du même peintre ; — quelques têtes dessinées par MM. Tourny et Soumy, auteurs l'un et l'autre de belles copies au crayon et à l'aquarelle d'après les maîtres italiens : — tels sont à peu près les travaux qu'il convient de citer à la suite des ouvrages de M. Flandrin, parce qu'avec une autorité moindre sans doute ils expriment ou laissent pressentir les mêmes croyances, la même foi dans la sévère éloquence du vrai. Les principes qui inspirent le talent de M. Edouard Dubufe n'ont pas cette austérité assurément. Ce que M. Dubufe cherche n'est pas la sévérité du style, ce qu'il rencontre est moins habituellement la vérité absolue que l'élégance : élégance un peu superficielle, j'en conviens, mais conforme après tout à la physionomie de notre époque et très préférable aux afféteries de pinceau de M. Winterhalter, ou à la manière, mélancolique jusqu'à l'engourdissement, dans laquelle M. Hébert a traité le portrait de *la princesse Clotilde*. Il y a de la part des artistes quelque excès de sévérité envers M. Dubufe, Ceux-là mêmes qui l'accusent le plus haut de sacrifier l'art au culte de la mode seraient, le cas échéant, assez embarrassés de faire mieux ou aussi bien que lui.

Nous en savons plus d'un qu'eût déconcerté, par exemple, la multiplicité des détails d'ajustement dans un portrait comme celui de *la princesse Mathilde* ou comme celui de *la duchesse de Médina Céli*, et qui, au lieu de ce discernement et de cette convenance, n'eût réussi à formuler que l'exagération de la magnificence ou une mensongère simplicité.

Si les *Intérieurs de Harem* peints par Mme Henriette Browne n'ont, au point de vue de l'art, qu'une assez médiocre importance, un portrait d'homme, dû au même pinceau, est pourvu d'un mérite beaucoup plus sérieux et d'une franchise dans l'exécution qui honorerait une main virile. Ce portrait, l'un des meilleurs du Salon, est aussi le meilleur ouvrage que nous connaissions de l'artiste. Bien mieux que les *Sœurs de Charité*, dont le succès pouvait s'expliquer surtout par le choix du sujet, mieux même qu'un autre portrait qui figurait à ce même Salon de 1859, il donne la mesure du talent de Mme Browne, talent supérieur à celui de Mme de Mirbel, et que, depuis Mme Lebrun et Mme Benoist, aucune femme en France n'avait aussi nettement prouvé dans des travaux de cet ordre.

Pour mentionner à côté des œuvres de Mme Browne *la Jeune Veuve* et le *portrait* peints par M. Jalabert, nous nous autoriserons à la fois de la grâce un peu féminine dans la manière et de l'habileté que révèlent ces deux toiles. *La Jeune Veuve* est une scène adroitement composée, — trop adroitement peut-être, car on y sent quelque excès de recherche, — un groupe finement expressif par le charme langoureux des attitudes, des contours, du coloris, et, la tête du plus petit des deux enfants exceptée, par la délicatesse du modelé. La seconde toile, avec plus d'énergie dans le ton, à la même douceur, la même harmonie dans le style. Moins résolument traité que chacun des *portraits* de M. Cabanel, moins savant à plus forte raison que le portrait peint par M. Flandrin, ce portrait de femme mérite d'être compté parmi les plus agréables ouvrages en ce genre exposés au Salon, et, n'était une erreur assez grave dans l'attache et dans le dessin du bras droit, il trouverait place à côté des plus corrects. C'est aussi à un rang fort honorable qu'il convient de classer un *portrait d'homme* judicieusement posé et exécuté par M. Emile Lecomte, et plusieurs travaux de même sorte où MM. Dumas, Lenepveu, Roller et Durangel ont fait preuve soit d'une habileté déjà mûre, soit d'un bon vouloir auquel les encouragements sont dus.

S'il fallait, en regard des rares efforts tentés dans le domaine de la peinture d'histoire, énumérer tous les essais, toutes les œuvres de quelque valeur dans l'ordre de la peinture de genre et de paysage, il est peu de toiles qui commanderaient absolument le silence parmi cette multitude de scènes d'intérieur ou de sujets rustiques. Combien y en a-t-il toutefois qui mériteraient d'être isolés du reste ? Comment faire un choix entre ces travaux où la différence du bien au mieux est presque insensible, où les témoignages d'habileté sont à peu près équivalents, et les moyens d'expression également conformes à certaines règles ? Tous les peintres de genre aujourd'hui, tous les paysagistes, savent parler et écrire la langue pittoresque sans injure sérieuse à la grammaire ; tous savent orthographier pour ainsi dire le récit d'une anecdote ou les termes consacrés d'une églogue. Les plus prudents, comme M. Vetter dans son *Bernard Palissy*, procéderont par allusions à quelque œuvre connue aussi bien qu'aux exemples de la réalité ; les plus hardis, comme M. Rousseau dans son *Chêne de la Forêt de Fontainebleau*, concentreront sur une *étude* à outrance d'après nature des efforts qui eussent abouti autrefois à la composition d'un tableau. Nulle trace d'invention d'ailleurs dans la plupart de ces représentations soigneuses ou adroites des faits empruntés aux chroniques, à la vie familière ou aux champs. À part la ressemblance matérielle des portraits., — mérite essentiel assurément en pareil cas, mais qui ne saurait pourtant résumer toutes les conditions de l'art, — quel intérêt peuvent exciter au fond tant d'images serviles, tant d'effigies de la vérité brute ? Nous avons bien assez de la photographie pour nous prémunir contre l'idéal : à quoi bon renouveler à tout instant la leçon ? N'est-il pas temps, par exemple, que M. Meissonier et ses imitateurs rajeunissent quelque peu leurs titres au succès, et ces types déjà tirés à bien des exemplaires, *un Peintre, un Musicien, un Amateur de Curiosités* ? Ne faudrait-il pas au moins que le choix d'un effet imprévu, une intention neuve dans la pratique, cette aisance et cette souplesse de pinceau qui relèvent dans les petits tableaux hollandais ou flamands l'humilité des inspirations et en corrigent la monotonie, vinssent racheter ici ce que le sujet a en soi d'insignifiant ou de banal ? Même là où il s'agit seulement de figurer sur la toile une scène domestique ou une scène d'estaminet, un coin de champ ou un groupe d'animaux, l'imitation littérale est aussi loin de suffire que, dans le domaine littéraire, la transcription textuelle du fait. Terburg, Ostade, Ruysdaël, Paul Potter et tant d'autres nous intéressent bien moins aux objets qu'ils nous montrent qu'au sentiment éprouvé par eux à propos de ces objets, et c'est un assez mince mérite, c'est en tout cas un stérile enseignement que celui qui consiste tout entier dans la représentation des choses, telles que nous avons su déjà les voir nous-mêmes et les apprécier de nos yeux.

Quelles que soient en général ses habitudes plus humbles que de raison, notre école compte pourtant plusieurs talents chez lesquels l'étude assidue de la réalité n'exclut pas l'expansion du sentiment personnel et la recherche d'un art au-dessus des contrefaçons mécaniques. Le Salon de 1859 nous révélait ce qu'il y a dans la manière de M. Breton de sincérité profonde et de goût en même temps. Bien que les tableaux exposés cette année par l'artiste n'aient pas la même importance que les toiles auxquelles il avait dû, il y a deux ans, un si honorable succès, ils n'en confirment pas moins ce que nous avaient appris déjà *les Glaneuses* et *la Plantation d'un Calvaire*. M. Breton est véritablement un peintre, un peintre de bonne race, en ce sens que l'instinct a autant de part au moins que la science à l'éloquence de ses ouvrages. Sans nulle prévention systématique, mais avec une très ferme volonté de se consulter lui-même et de traduire ses impressions dans la langue qui lui est propre, il étudie la nature assez attentivement pour ne rien ignorer des détails qui préciseront la ressemblance, assez librement toutefois pour ajouter à cette ressemblance extérieure l'intention morale, la vie secrète d'où résultera la physionomie du portrait. *Les Sarcleuses* surtout expriment ce mélange d'imagination et de véracité qui donne aux œuvres de M. Breton une signification particulière, bien qu'elles ne prétendent en apparence éveiller en nous qu'un souvenir.

On ne saurait non plus, tant s'en faut, confondre les tableaux de M. Fromentin avec les œuvres dont le mérite est tout à la surface, et qui, en reproduisant un fait, n'ont garde de nous proposer en même temps une explication et un commentaire. Dans le genre spécial qu'il traite, dans ces scènes empruntées aux pays que sa plume a si bien décrits, M. Fromentin nous révèle les inclinations délicates, l'extrême sagacité de son talent. Peut-être même, à force de raisonner ses impressions, l'artiste se laisse-t-il entraîner à une certaine subtilité ; peut-être, en se préoccupant si assidûment des origines intimes et des particularités de l'effet, paraît-il sacrifier à cette analyse quelque chose des études que réclameraient la forme même et la netteté du dessin. De là ces détails de modelé un peu vagues à côté de tons soigneusement déterminés ; de là cette indécision dans les contours où l'on pourrait au premier aspect soupçonner quelque négligence involontaire, et qui est au contraire le résultat d'un calcul pour exprimer le mouvement et la vie. Nous ne parlons pas ici de l'agitation nécessaire que comportaient des sujets aussi turbulents en eux-mêmes que *les Courriers* ou le *Retour d'une fantasia* ; nous voulons parler de cette vie purement pittoresque, de ce mouvement dans le calme pour ainsi dire qui anime jusqu'aux objets inertes, jusqu'à l'ombre répandue sur un paysage, et que M. Fromentin, avant de peindre le *Lit de l'Oued-Mzi* ou son *Berger de la Kabylie*, avait défini en quelques lignes, comme pour justifier par anticipation sa manière et pour nous préparer à ses tableaux : « Cette ombre des pays de lumière, écrivait-il…[2], elle est inexprimable ; c'est quelque chose d'obscur et de transparent, de limpide et de coloré ; on dirait une eau profonde. Elle paraît noire, et quand l'œil y plonge, on est tout surpris d'y voir clair. Supprimez le soleil, et cette ombre elle-même deviendra du jour. Les figures y flottent dans je ne sais quelle blonde atmosphère qui fait évanouir les contours. » Ces contours assouplis et presque supprimés par l'atmosphère qui les enveloppe, ces formes dont l'apparence résulte de la valeur relative des tons plutôt que de la précision des lignes, voilà ce que M. Fromentin nous fait pressentir, trop systématiquement parfois, mais le plus souvent avec une remarquable finesse. Dans un domaine visité déjà par plusieurs maîtres, il a su trouver une veine neuve à exploiter, un ordre de beautés, de grâces imprévues au moins à faire prévaloir. De même que M. de Curzon réussit à rajeunir par l'élégance du style ces types italiens dont le pinceau de M. Schnetz et celui de Léopold Robert avaient popularisé la majesté robuste, M. Fromentin interprète à son tour la nature et les types arabes sans copier pour cela ni M. Delacroix, ni Decamps, ni Marilhat. Là où d'autres avaient été séduits tout d'abord par le côté héroïque des choses, il est particulièrement curieux du charme qu'elles recèlent, du sens intime qui peut s'en dégager, talent ingénieux et tendre, dont la délicatesse même intimide un peu les allures, mais auquel aussi elle prête une physionomie d'élite et un attrait tout personnel.

À côté de MM. Breton et Fromentin, qui, chacun dans son genre, personnifient les plus récents progrès de ce qu'on pourrait appeler la peinture ethnographique, il n'est que juste de nommer en première ligne M. Brion, que son *Repas de noce en Alsace* et le *Bénédicité* maintiennent au rang où l'avaient élevé précédemment ses *Bretons à la porte d'une église* et ce très touchant tableau, *un Enterrement sur les bords du Rhin*, — MM. Achenbach, Tidemand, Israëls et van Muyden, bien que les talents de ces quatre artistes étrangers n'intéressent qu'assez indirectement l'honneur de notre école ; enfin, parmi les peintres de sujets orientaux, MM. Belly et Bida, — le premier à cause des progrès qu'attestent les *Vues d'Égypte* qu'il a expo-

2 *Un Été dans le Sahara*, p. 161.

sées, et surtout son tableau des *Pèlerins allant à la Mecque* ; — le second moins peut-être en souvenir de son *Champ de Booz à Bethléem*, composition d'une ordonnance indécise et d'une exécution trop morcelée, qu'à l'occasion d'une très heureuse tentative dans un ordre de travaux que son crayon n'avait pas abordé encore. Le dessin dans lequel M. Bida a représenté *Condé à Rocroy*, ou plutôt l'armée française agenouillée sur le champ de bataille et remerciant Dieu de la victoire, est une œuvre véritablement inventée en dépit de la symétrie obligée des lignes et de la fidélité historique imposée par le sujet, une scène pleine d'émotion et de grandeur qu'on pourrait, sans y rien changer, transporter sur une vaste toile, et qui, malgré ses proportions restreintes, a une signification plus ample, un aspect plus majestueux que tel tableau d'histoire exposé à quelques pas de là. — Puisque les dessins de M. Bida nous ont attiré dans la galerie où l'on a réuni tous les ouvrages du même genre, nous ne la quitterons pas sans avoir mentionné au moins les commentaires un peu trop agréables dans la forme, mais pourvus au fond d'imagination et de puissance, que le crayon de M. Doré a tracés en regard de la *Divine Comédie*, et les spirituelles vignettes à l'aquarelle où M. Eugène Lami a entrepris de donner un corps aux fantaisies exquises et à la poésie d'Alfred de Musset : tâche difficile, presque inexécutable même en plus d'un cas, mais qui, une fois acceptée, ne pouvait être poursuivie avec plus de goût, ni au besoin modifiée avec plus d'adresse.

Les symptômes d'habileté purement matérielle que révèle, à quelques exceptions près, l'ensemble des travaux appartenant à la peinture de genre se retrouvent plus accusés encore dans les tableaux de paysage proprement dits, dans ces innombrables *vues, études, lisières de bois* ou *pâturages* qui peuplent les salles du palais des Champs-Elysées. Nulle part autant qu'ici une certaine science n'est générale ; les perfectionnements introduits depuis quelques années dans la pratique ne permettent plus à personne d'empâter timidement un terrain ou une muraille, d'hésiter quant aux moyens techniques de figurer un tronc d'arbre ou le toit d'une chaumière. Les secrets du coloris eux-mêmes sont aujourd'hui si bien divulgués qu'on ne songe guère à distinguer entre ceux qui les ont devinés les premiers et ceux qui ont profité de la découverte, entre les prédécesseurs de M. Daubigny par exemple et ses rivaux actuels dans l'art, assez modeste d'ailleurs, d'affirmer les rapports des tons sans se préoccuper du reste, — poésie ou banalité du site, finesse ou incorrection du dessin. D'autres, moins indifférents, il est vrai, à ces conditions, choisiront dans la nature quelque thème où le charme de l'effet suppléera à l'indigence des lignes, et, les souvenirs de M. Corot aidant, ils peindront agréablement, comme M. Chintreuil, *un Champ de pommes de terre*, ou, comme M. Lavieille, *une Matinée des premiers jours de mai dans la campagne de Villers-Cotterets*. D'autres enfin, — M. Bataille dans son *Crépuscule*, M. Blin dans un paysage intitulé *Solitude*, M. Nazon dans deux paysages en hauteur, et M. de Knyff dans son *Barrage du moulin de Champigny*, — laisseront pressentir certaines velléités de style, tout en se conformant docilement d'ailleurs aux humbles doctrines qui régissent notre école de paysage. Bien peu chercheront à subordonner au sentiment les progrès accomplis dans le mode d'exécution ; bien peu s'interrogeront en face de la nature sans avoir une réponse toute prête dans leur mémoire, dans les habitudes générales de l'art moderne, dans les recettes fournies par autrui.

Parmi ces rares paysagistes qui s'efforcent de donner à leurs travaux une signification et un intérêt au-dessus de l'imitation littérale ou des artifices de la pratique, MM. Français, Busson et Desjobert nous semblent à la fois les mieux inspirés et les plus habiles. En choisissant des thèmes pittoresques aussi simples que les deux vues entre autres qu'il a intitulées *Sous les pommiers* et *une Prairie au bord de la Marne*, M. Desjobert n'a prétendu certes ni afficher le dédain des réalités familières, ni s'armer d'un pinceau héroïque pour peindre les arbres d'un verger ou l'herbe d'un pâturage ; mais il n'a eu garde non plus de méconnaître les conditions auxquelles ces modestes idylles devaient emprunter un charme particulier et un sens. Dans le premier tableau, la distribution ingénieuse de la lumière, la délicatesse de l'effet répandent sur l'ensemble une grâce souriante, je ne sais quelle gaieté sereine qui affecte le regard d'une manière assez abstraite pour qu'il en résulte une sorte de sensation musicale, d'une manière assez nette toutefois pour qu'on, puisse apprécier les intentions personnelles de l'artiste et la finesse de ses calculs. Comme M. Desjobert, mais avec plus d'ampleur dans le sentiment et plus d'aisance dans la manière, M. Busson affectionne les effets radieux sans violence, les sites que le soleil éclaire avant l'heure du plein midi, les lignes plutôt calmes qu'austères, plutôt en souple contact qu'en provocation ouverte et en lutte. Les remarquables *Vues des Landes* qu'il avait exposées il y a deux ans annonçaient chez M. Busson une aptitude particulière à comprendre la nature dans ce sens tempéré. Cette année, un sujet à peu près semblable, le *Souvenir des environs de Tartas*, et deux très agréables toiles, *Après les pluies d'automne* et l'*Été de la Saint-Martin*, tiennent tout ce que promettaient les travaux précédents de l'artiste. Quant à M. Français, si nous le nommons le dernier, ce n'est nullement que nous entendions sacrifier son talent à celui de M. Busson ou à celui de M. Desjobert. Non-seulement M. Français a de plus que ces deux paysagistes une expérience déjà longue et le mérite d'avoir frayé la voie qu'ils parcourent l'un et l'autre aujourd'hui ; mais, de tous les peintres qui traitent le même genre, nous n'en savons pas un qui apporte dans l'exécution de ses ouvrages un goût plus judicieux, un plus sincère amour de l'art et de la vérité choisie. En ce sens, les trois tableaux qu'a exposés M. Français, et dans lesquels, suivant sa coutume, il a représenté, non sans en corriger finement l'insuffisance pittoresque, des sites empruntés aux environs de Paris, ces tableaux n'ont rien à nous apprendre. Ils achèvent du moins de justifier l'opinion que l'on s'est faite depuis longtemps du talent de M. Français. Aussi ne saurions-nous plus convenablement terminer cette appréciation des travaux de nos paysagistes qu'en inscrivant le nom qui personnifie les plus vrais mérites de l'école et qui en résume le mieux les progrès.

Beaucoup d'autres noms sans doute pourraient ou devraient trouver place dans une étude plus détaillée que celle-ci. S'il s'agissait d'un examen des œuvres exposées au Salon plutôt que d'un aperçu général sur les tendances que ces œuvres expriment, si l'on suivait par exemple l'ordre alphabétique adopté cette année pour le classement des tableaux, — mesure fort critiquée, soit dit en passant, mais qui selon nous a le double avantage de faciliter singulièrement les recherches et d'ôter tout prétexte aux accusations de partialité administrative, — rien ne serait plus facile que de relever presque à chaque pas des indices d'adresse ou d'habileté. À ne parler même que de la peinture de paysage et d'un genre qui y tient de près, — la peinture d'animaux, — bien des œuvres plus ou moins estimables mériteraient d'être mentionnées, depuis les *Vues d'Hyères* de M. Allongé jusqu'au *Paysage* de M. Zund, depuis les *Troupeaux* de M. Auguste Bonheur et le très énergique *Combat de cerfs* peint par M. Courbet jusqu'au *Chien criant au perdu* peint par M. Stevens. À quoi bon toutefois cette longue nomenclature ? Elle ne servirait qu'à multiplier les preuves à l'appui d'une vérité déjà manifeste, d'un fait que nous constatons au début et que nous rappellerons ici en forme d'épilogue. Il y a au Salon une diversité d'œuvres infinie, mais où est l'originalité véritable ? Le talent même, sauf dans un très petit nombre de tableaux, se réduit trop souvent au témoignage de la dextérité. Les travaux de nos statuaires diffèrent-ils en cela des travaux de nos peintres ? le ciseau se montre-t-il plus ambitieux ou mieux conseillé que le pinceau ? Un coup d'œil sur les morceaux de sculpture exposés dans le palais des Champs-Elysées suffira pour résoudre négativement la question.

S'il fallait en effet juger de l'état actuel de la sculpture en France sur les spécimens qui figurent au Salon, on serait autorisé à dire qu'à aucune époque notre école n'a été aussi pauvre, l'inspiration plus rare, ni l'ensemble des doctrines soumis à un plus humble niveau. Un pareil jugement néanmoins ne saurait être porté sans injustice, puisque la plupart des talents qui soutiennent l'honneur de l'art dans notre pays ne sont pas représentés au Salon ou qu'ils n'y paraissent que sous des formes insuffisantes. MM. Dumont, Duret et leurs confrères à l'Académie des Beaux-Arts se sont, aussi bien que M. Barye, complètement abstenus. Plusieurs statuaires qui devaient leurs premiers succès, il y a dix ou quinze années, à des ouvrages importons, MM. Lequesne et Pollet par exemple, n'ont exposé que quelques bustes. D'autres, dont les débuts appartiennent à une époque plus récente encore, discontinuent déjà la lutte comme M. Allasseur, ou n'y participent, comme M. Gumery, que munis, pour toute arme de combat, d'un modeste médaillon en plâtre. Quant aux athlètes accoutumés de longue main à succomber sans que personne s'aperçoive même de leur défaite, quant à ces artistes, ces praticiens plutôt, dont l'indifférence publique ne lasse pas plus la fécondité qu'elle ne semble blesser l'amour-propre, ils sont en grand nombre comme toujours. Peu s'en faut même qu'ils n'aient pris partout cette année la place des artistes d'élite. Quelques-uns de ceux-ci seulement n'ont voulu ni céder ce terrain qui leur appartient, ni l'occuper plus timidement qu'il ne convenait à leurs antécédents, à leur réputation, à leurs droits de plus d'une sorte. Soit qu'ils aient, comme M. Guillaume dans sa statue de *Napoléon Ier*, fait une œuvre nouvelle, soit que, comme MM. Maillet et Moreau, ils aient reproduit en marbre des figures dont les modèles en plâtre ou en bronze étaient exposés au dernier salon, ils ont du moins acquitté sans marchander leur dette vis-à-vis du public. M. Cavelier y a mis moins de parcimonie encore. Indépendamment d'un très beau buste de *M. Horace Vernet* et d'une statue de *Napoléon Ier* qu'il est intéressant de rapprocher de l'œuvre de M. Guillaume, il a taillé dans le marbre un groupe de trois figures, *Cornélie et les Gracques*, qui, avec le *Désespoir* de M. Perraud et le *Virgile* de M. Thomas, mérite d'être cité comme résumant à peu près toute l'importance, tous les mérites de l'exposition de sculpture en 1861.

Le groupe de M. Cavelier, j'entends le modèle en plâtre, avait paru déjà, il y a six ans, à l'exposition universelle. En le revoyant aujourd'hui modifié d'un bout à l'autre et amélioré dans tous les détails avec une rare sûreté de goût et de ciseau, on peut dire que, sauf les lignes générales de la composition, rien ne subsiste des formes primitives. Les traits de Cornélie, si nous avons bonne mémoire, étaient loin d'exprimer aussi bien l'orgueil maternel et la majesté. Le corps du plus petit des deux enfants n'avait pas cette beauté robuste, la tête cette fierté toute romaine ; la chevelure même cette apparence de vie énergique et de sève. Les draperies enfin, bien que très heureusement disposées dès l'origine, ont acquis dans le travail définitif une vraisemblance et en même temps une pureté de style qui rappellent l'exécution magistrale d'un autre morceau dû au ciseau de M. Cavelier, — le voile servant de fond et de support à la figure de la *Vérité*. Comment se fait-il toutefois qu'en révisant sa pensée avec tant de soin, en corrigeant avec tant de clairvoyance et d'habileté les imperfections qui déparaient le modèle en plâtre, M. Cavelier ait oublié de préciser davantage, d'expliquer par l'ajustement le mouvement de la figure de l'aîné des Gracques ? Dans la partie inférieure de cette figure, les draperies dissimulent si complètement l'attitude qu'il est difficile au premier aspect de deviner à laquelle des deux jambes appartient le pied que l'on entrevoit. La jambe droite reployée sous la jambe gauche n'existe et ne devient compréhensible que lorsqu'on examine le groupe par derrière : elle disparaît tant qu'on le regarde de face, et cette incertitude dans la structure embarrasse d'autant plus les lignes que celles-ci, par le volume même de la draperie, sont plus multipliées et plus saillantes.

Quel que soit ce défaut partiel, l'ensemble des qualités qui distinguent l'œuvre de M. Cavelier est considérable. Tout en se souvenant des exemples de l'antiquité, ainsi que le lui prescrivaient les lois immuables de la statuaire et les exigences particulières du sujet, l'artiste a su obéir aussi à ses inspirations propres, à son désir de nous montrer autre chose qu'une contrefaçon de l'art et des formes classiques. Fort différent en cela de la plupart des statuaires contemporains, qui, interprétant à contre-sens le mot d'André Chénier, se dispensent des « pensers nouveaux » pour s'assimiler seulement les habitudes extérieures de leurs modèles, il ne se contente pas de copier « des vers antiques » et de les rééditer au bout de vingt siècles. Il ne répudie pas, comme tant d'autres, la langue et les idées de son temps pour se condamner à l'imitation mécanique, à la fabrication archaïque d'un texte. Que dirait-on de poètes français qui prétendraient n'écrire qu'en latin, et renouveler en plein dix-neuvième siècle l'entreprise tentée au dix-septième par les René Rapin et les Commire ? C'est là pourtant, ou peu s'en faut, ce que font les sculpteurs de notre époque. Ils s'affublent de *classicisme*, ils étalent une érudition banale, espérant déguiser ainsi l'impuissance de leur imagination ou en justifier la paresse. Ils ne réussissent en définitive qu'à nous fatiguer de leurs redites et à remplacer par des formules pédantesques l'expression du vrai et du beau.

Comme M. Cavelier, M. Perraud est du petit nombre des statuaires qui s'appliquent à concilier la sincérité avec la science, le respect des traditions avec l'intelligence de nos besoins actuels. La figure que lui a inspirée un vers de Pétrarque :

Ahi ! null' altro che pianto al mondo dura,

cette figure qui semble personnifier à la fois la méditation et la douleur, procède très évidemment de l'antique par les caractères des formes et du style. Par le sentiment même, par la portée morale des intentions, elle a une signification neuve et vraiment moderne. Tout n'est pas complètement imprévu sans doute dans cette figure de jeune homme assis la tête basse, les bras immobilisés par les doigts qui s'entre-croisent, la jambe gauche repliée sous la jambe droite, tandis que celle-ci, portée un peu en avant, diversifie les lignes générales sans leur ôter une expression de simplicité morne et d'affaissement. L'idée même de représenter le Désespoir sous ces dehors plutôt attendris qu'irrités n'appartient pas tout entière au sculpteur, et l'on pourrait en retrouver les premiers symptômes dans les travaux de quelques peintres contemporains ; mais ce que M. Perraud ne doit certainement qu'à lui-même, c'est l'habileté singulière et le goût avec lesquels il a su approprier cette donnée élégiaque aux conditions épiques de la statuaire, ce sentiment chrétien des misères humaines aux exigences toutes païennes d'un art qui, en dehors du beau, n'existe pas. Nulle gentillesse dans l'expression compromettant la majesté nécessaire de la forme, nulle inertie non plus, nulle fausse grandeur où la vie s'anéantisse, où la vérité se dérobe. Les traits du visage, pensifs et attristés sans grimace, sont exempts aussi de cette régularité impassible dont on a coutume de faire l'enseigne d'un goût sévère ou le masque officiel de la beauté. Dans les contours et dans le dessin intérieur du corps, même discernement, même adresse savante à combiner l'étude de la nature avec la mémoire des grands monuments de l'art. En modelant cette figure nue dont aucun accessoire ne détermine le caractère individuel ou national, dont le type même n'est expressément ni grec, ni romain, et où les souvenirs de l'antique n'interviennent qu'à titre de renseignements généraux et de secours, M. Perraud a voulu nous montrer et nous montre en effet, au lieu d'une curiosité archaïque, une image vraisemblable, au lieu d'une académie un homme ; mais cet homme n'est pas seulement un beau corps, c'est un corps que l'âme habite, un cœur souffrant des maux qui nous sont communs à tous, des pensées qui sont à la fois le privilège et le tourment de l'humanité. Il y a certes un sérieux mérite à élever ainsi l'imitation de la réalité à la dignité d'une image idéale. Dans le temps où nous vivons surtout, ce n'est pas un médiocre honneur pour un artiste que d'avoir osé aborder une pareille entreprise et de l'avoir aussi heureusement menée à fin.[3]

La statue sculptée par M. Thomas diffère de l'œuvre de M. Perraud en ce sens qu'il s'agissait ici non plus de nous faire pressentir une idée, mais au contraire de nous représenter un personnage ayant son nom et son histoire. Elle se rapproche du travail dont nous venons de parler par la noblesse sans emphase et par la pureté du goût. Le *Virgile* de M. Thomas rappelle un peu, quant à l'attitude et à l'effet général de l'ajustement, la figure du poète dans la belle composition de M. Ingres : *Tu Marcellus eris* ; mais, tout en constatant le fait, nous ne prétendons pas y puiser un argument contre la valeur de l'œuvre du statuaire. Nous serions tenté plutôt de reprocher à celui-ci une certaine aridité dans l'expression de la tête de son *Virgile*, et aussi quelque exagération dans la saillie des plans du front entre les deux sourcils. Ce seraient là au surplus des chicanes plutôt que des critiques. Il convient d'autant moins de s'y arrêter que l'examen des autres parties de la statue n'autorise que l'éloge, et que l'élégance virile de l'ensemble, la fine correction du style dans les détails de cette figure et jusque dans les accessoires jetés à ses pieds, en mémoire des *Géorgiques* et de *l'Enéide*, annoncent un talent déjà sûr de lui-même, et qui, s'il doit se perfectionner encore, n'a pas besoin des avis d'autrui.

En dehors du groupe de M. Cavelier et des statues sculptées par MM. Perraud et Thomas, qu'y a-t-il dans l'exposition de sculpture qu'on ne puisse rigoureusement passer sous silence ? Un groupe, *Hora aurea*, ingénieusement composé par M. de Vauréal, — une *Nyssia au Bain*, une *Femme ornant de peintures un vase étrusque*, ajustées avec goût par MM. Aizelin et Symian, — une *Pandore*, que le nom de l'auteur, M. Loison, recommande plutôt que le mérite de l'exécution même, — une *Suzanne* où M. Cabet prouve son adresse à travailler le marbre, mais où il ne laisse pas de révéler aussi ces inclinations à la

3 On peut voir sur l'ensemble des travaux de M. Perraud la *Revue* du 1er juin.

Henri Delaborde

coquetterie que M. Clésinger ne songe nullement à dissimuler dans une *Cornélie avec ses Enfans*, placée en regard de la *Cornélie* de M. Cavelier ; — quelques figures encore où l'habileté de la main se fait sentir, à défaut d'imagination ou de science très profonde ; dans la sculpture de portrait, plusieurs morceaux sagement traités par MM. Crauk, Oliva, Iselin, Dieudonné, Roubaud jeune et quelques autres, un agréable buste de femme par M. Adam Salomon, et le portrait de *M. Barrias* par un sculpteur portant le même nom que le modèle. Il y a dans ce dernier ouvrage, dans cet essai probablement d'un débutant, un très vif sentiment de la physionomie, quelque chose aussi de la manière toute française dont Houdon et les sculpteurs *portraitistes* du dernier siècle nous ont légué la tradition. — Faut-il enfin, dans une autre série de travaux, citer, accepter même, les bizarreries de type ou de costume que M. Cordier et ses imitateurs nous offrent avec une libéralité déjà prodigue, — *nègres et négresses, capresses, palikares, chefs indiens*, et bien d'autres curiosités du même ordre, — sans compter les étranges personnages de l'Amérique du Sud que M. Rochet a groupés au pied de sa statue colossale de *Dom Pedro Ier* ? La mode est maintenant à ces laideurs humaines comme elle était, il y a quelques années, à l'imitation des œuvres de M. Barye, avec cette différence toutefois que celui-ci choisissait dans la nature des modèles dignes de l'art, qu'il les interprétait en maître, et que les novateurs actuels ne prétendent apparemment qu'étonner le regard sans se préoccuper d'ailleurs du soin de le charmer.

Au moment de terminer cette revue du Salon de 1861, avant de clore une étude que nous avons écrite sans parti-pris de pessimisme, mais avec une tristesse véritable, car l'abaissement des tendances est partout manifeste, résumons en peu de mots les souvenirs que laissent dans l'esprit ces quatre mille objets d'art et les jugements qu'ils autorisent à porter. Un seul maître ou, si l'on veut, un seul talent achevé, M. Flandrin, quelques talents au moins en péril, comme MM. Gérôme et Hébert, ou en lutte, comme M. de Chavannes, avec l'insuffisance du savoir, des espérances trompées ou des promesses incertaines, ailleurs des contrefaçons de l'art au XVIIIe siècle, les jongleries du pinceau substituées aux travaux sincères, aux loyaux efforts, — voilà, dans l'ordre de la peinture d'histoire et de la peinture de portrait, ce qui ressort de l'examen du Salon. Dans la peinture de genre et de paysage, une habileté pratique universelle, un nombre infini d'œuvres adroitement exécutées : chez quelques artistes seulement, la volonté ou le pouvoir de faire de cette expérience un auxiliaire pour la pensée, de cette adresse matérielle un

simple moyen d'expression ; — parmi les sculpteurs enfin, trois ouvrages vraiment remarquables et quelques morceaux dignes d'estime
à côté d'une multitude de formules surannées, de redites banales ou
de nouveautés en contradiction flagrante avec les lois de la statuaire :
y a-t-il là de quoi nous rassurer beaucoup sur l'état présent de l'art,
sur les forces de notre école, sur la vie ou sur la santé des talents ?
Sans doute, nous le disions en commençant et nous n'hésitons pas
à le redire, l'art français n'est pas tout entier au Salon ; mais le Salon,
tel qu'il est aujourd'hui, avec l'abstention systématique où s'obstinent
les artistes éminents, avec les encouragements presque officiels pro-
mis par la loterie aux petites entreprises du savoir-faire, et surtout
avec le chiffre illimité des admissions, le Salon, au lieu de stimuler
le progrès, est devenu pour le goût public une menace et un danger.
Que nous apprennent en effet et que peuvent nous apprendre ces
milliers de tableaux dont toute la valeur résulte du maniement plus
ou moins adroit de l'outil ? Ils ont, entre autres inconvénients, celui
de multiplier à l'infini le nombre des faux connaisseurs, d'entretenir
cette habitude ridicule que nous avons prise depuis quelques années
de n'attacher de prix qu'à l'écorce des choses, de sens qu'aux combinaisons des couleurs, aux hardiesses, sinon aux impertinences de la
touche, aux jactances ou aux subtilités de la pratique. Sommes-nous
bien sûrs d'ailleurs d'être parfaitement de bonne foi dans l'estime où
nous tenons des mérites de cet ordre ? Qui sait s'il n'en va pas de
notre crédulité apparente sur ce point comme des façons d'agir de
certains malades qui, sans croire à la médecine, font mine d'en res-
pecter pieusement les avis ? Notre confiance dans l'empirisme pittoresque n'a peut-être pas plus de sincérité ; peut-être n'est-elle autre
chose qu'un symptôme du malaise moral où nous laisse la privation
des aliments qui conviendraient le mieux à notre esprit. Nous au-
rons beau en effet essayer de nous duper nous-mêmes, nous n'arrive-
rons pas à nous passer, dans les œuvres de l'art, des qualités qui nous
intéressent surtout, des seules même qu'il nous soit donné d'apprécier sans effort. On ne sait guère en France juger de la peinture au
point de vue des conditions qui lui sont propres, des moyens qui
lui appartiennent expressément. Tous, plus ou moins, nous sommes
tentés d'y voir simplement une forme de la pensée littéraire, un lan-
gage écrit avec le pinceau comme d'autres l'écrivent avec la plume,
et ayant pour objet unique la révélation du beau moral. Cette façon
d'envisager l'art peut, il est vrai, avoir ses dangers ; mais comme elle
est au fond conforme au génie même de notre école, comme, depuis
Poussin jusqu'à David, jusqu'à des talents plus près de nous, les ar-

tistes français ont réussi principalement à persuader notre raison, le mieux serait de ne pas chercher à réagir contre ces inclinations nationales et de nous résigner à sentir naïvement la peinture dans le sens de nos propres instincts. Le mieux serait de faire une bonne fois justice de nos prétentions matérialistes et de notre fausse science pour demander à l'école contemporaine ce qu'il nous appartient en réalité de comprendre, et ce qu'elle-même, si nous le voulons sérieusement, se retrouvera bientôt en mesure de nous donner.

Pour nous consoler de la faiblesse que révèlent la plupart des œuvres exposées au Salon de 1861, on dira peut-être que cette exposition n'en présente pas moins un ensemble de travaux plus recommandables encore que ce qu'on rencontrerait dans d'autres pays. Qu'importe, si le fait nous donne tort vis-à-vis de nous-mêmes ? Les fautes du prochain font-elles notre vertu, la ruine d'autrui nous enrichit-elle, ou la maladie qui sévit à notre porte nous garantit-elle la santé ? Au lieu de nous complaire dans la sécurité que nous inspire le spectacle de ce qui se passe ailleurs, nous ferions bien de choisir auprès de nous des termes de comparaison. Sans remonter même au commencement du siècle, sans aller au-delà d'une période de trente années environ, on trouverait dans un rapprochement entre ce récent passé et l'état actuel de l'art français des avis plus significatifs et plus utiles que dans les défaillances de l'art étranger. Où sont aujourd'hui les héritiers de Léopold Robert et de Paul Delaroche, de Scheffer et de Decamps, de Cortot et de Pradier, de Rude, de David d'Angers, de Simart ? A quels lieutenants les peintres et les sculpteurs placés encore à la tête de notre école abandonnent-ils dès à présent l'influence et l'action ? A quelles mains transmettront-ils l'empire qu'ils auront exercé, la tradition qu'ils auront cru fonder ? Il faudrait être pourvu d'un bien robuste optimisme pour juger ces questions superflues, ou pour y trouver une réponse satisfaisante dans le Salon de 1861.

ISBN : 978-1547256556

www.ingramcontent.com/pod-product-compliance
Lightning Source LLC
Chambersburg PA
CBHW072049190526
45165CB00019B/2221
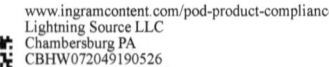